Script Writing Workbook
for
דֶּרֶךְ בִּינָה
The Hebrew Primer

Nina Gaelen

Behrman House

Lesson 1

ב	בּ
VET	BET

Vowel: ֵ ..

Trace

Connect

Copy

My Best

Practice

Lesson 2

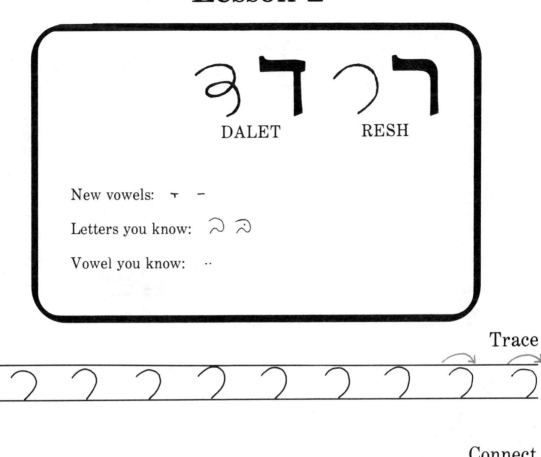

ד ד ר ר

DALET RESH

New vowels: ָ ַ

Letters you know: ב בּ

Vowel you know: ֵ

Trace

ר ר ר ר ר ר ר ר ר

Connect

ר ר ר ר ר ר ר ר ר

Copy

ר

My Best

Practice

ר

Trace

Connect

Copy

My Best

Practice

Write

רָב דָר

בַּר דַבֵּר

בָּרָד רָבָב

Lesson 3

שׂ שׂ שׁ שׁ

SIN SHIN

Letters you know: ג ר ב בּ

Vowels you know: ָ ַ ֵ

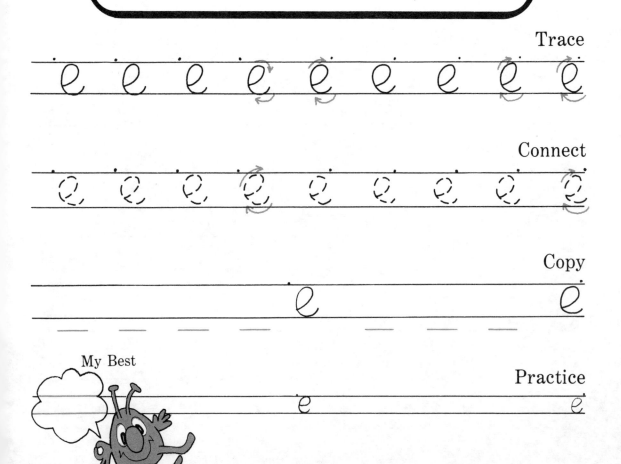

Trace

שׂ שׂ שׂ שׂ שׁ שׁ שׁ שׁ שׁ

Connect

שׂ שׂ שׂ שׂ שׁ שׁ שׁ שׁ שׁ

Copy

שׂ שׁ

My Best

Practice

שׂ שׁ

Lesson 4

תּ תּ ת ת

TAV

Letters you know: בּ ב ר ג שׁ שׂ

Vowels you know: ָ ַ ֵ

Trace

ת ת ת ת תּ תּ תּ תּ תּ

Connect

ת ת ת ת תּ תּ תּ תּ תּ

Copy

תּ ת

My Best

Practice

תּ ת

Match

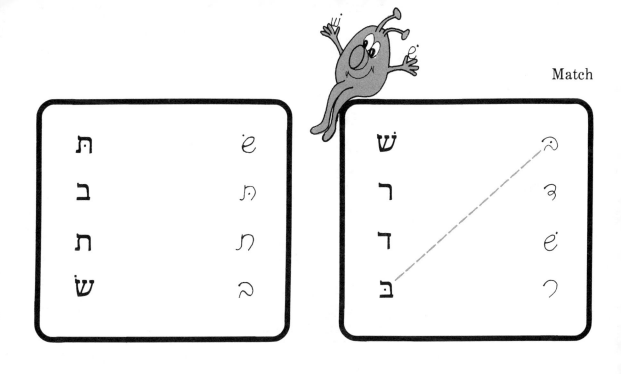

תּ	שׁ	שׁ	בּ
ב	תּ	ר	ד
ת	ת	ד	שׁ
שׁ	ב	בּ	ר

Write

שָׁשׁ

שָׁב

שָׁר

שַׁר

דַת

תֵּשֵׁב

שָׁבַת

Lesson 5

מ ל

MEM LAMED

Letters you know: בּ ב ר ד שׁ שׂ תּ ת

Vowels you know: ָ ַ ֵ

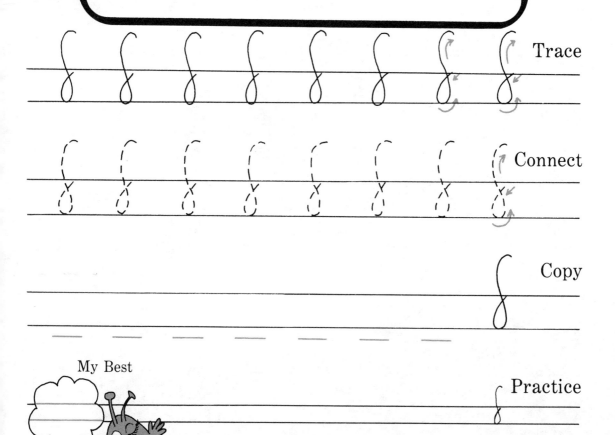

Trace

Connect

Copy

My Best

Practice

Trace

Connect

Copy

My Best

Practice

Write

מָדַד   לָתֵת

מָשָׁל   לֵב

מַר   לָמַד

Lesson 6

ם

FINAL MEM

New Vowels: וּ וֹ

Letters you know: בּ ב כ ר שׂ
שׁ תּ ת מ ל

Vowels you know: ָ ַ ֵ

Trace

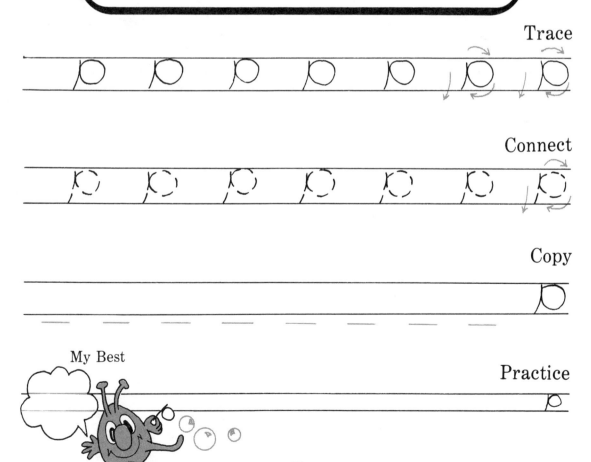

Connect

Copy

My Best

Practice

Lesson 7

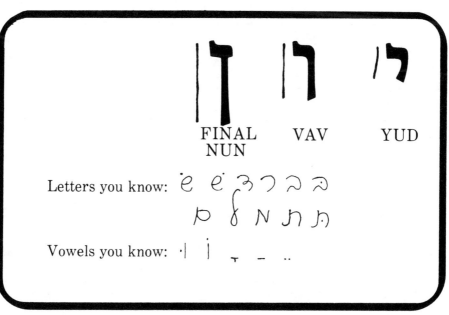

ן	ו	י
FINAL NUN	VAV	YUD

Letters you know: בּ ב ר ג שׁ שׂ

תּ ת א ל ם

Vowels you know: וּ וֹ ָ ַ ֵ

Trace

Connect

Copy

Practice

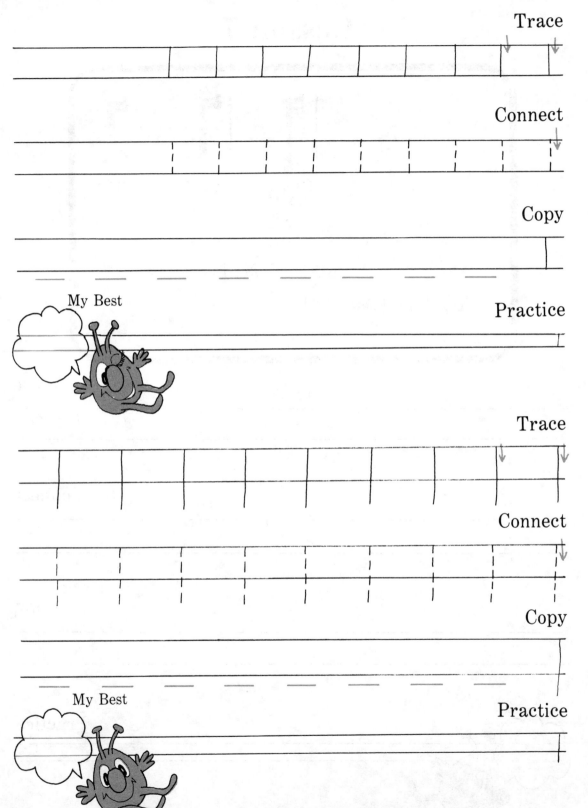

Trace

Connect

Copy

My Best

Practice

Trace

Connect

Copy

My Best

Practice

20

Lesson 8

ע ע | **א** א

AYIN ALEF

New Vowel - Silent: ְ

Letters you know: בּ ב כּ כ שׁ שׂ תּ

ת מ ל ם י ו ן

Vowels you know: ִי וּ ָ ַ ֵ

Trace

Connect

Copy

My Best

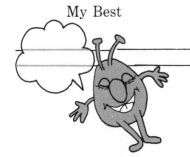

Practice

Trace

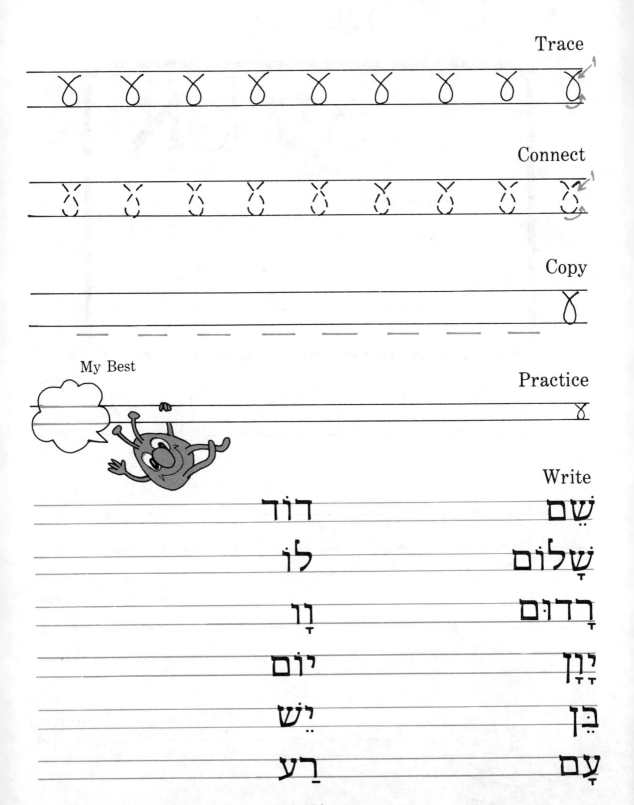

ע ע ע ע ע ע ע ע ע

Connect

ע ע ע ע ע ע ע ע ע

Copy

ע

My Best

Practice

ע

Write

שֵׁם　　דוֹד

שָׁלוֹם　　לוֹ

רָדוּם　　וָו

יָוָן　　יוֹם

בֵּן　　יֵשׁ

עָם　　רַע

Lesson 9

נ נ ג ג

GIMMEL NUN

Letters you know: בּ ב כ שׁ שׂ תּ ת

מ ל ס י ו ו א ע

Vowels you know: ְ וּ וֹ ָ ַ ֵ

Trace

Connect

Copy

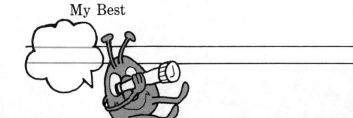

My Best

Practice

Trace

Connect

Copy

My Best

Practice

Write

נוֹתֵן

נֵר

גַג

נַגֵן

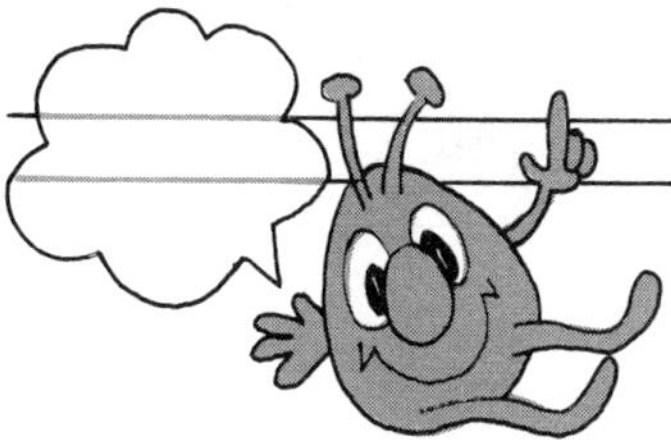

Lesson 10

ה ח ה ח

CHET HAY

New vowel: ֶ

Letters you know: בּ ב ר ד שׁ שׂ תּ ת א

ל ם י ו ק ע נ ג

Vowels you know: ְ ֹ וּ ָ ַ ֵ

Trace

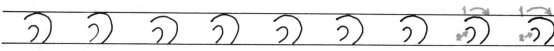

Connect

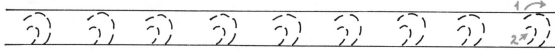

Copy

My Best

Practice

ח ח ח ח ח ח ח ח ח

Connect

ח ח ח ח ח ח ח ח ח

Copy

ח

My Best

Practice

ח

Write

חוֹר

חָבֵר

הֵנָה

הֵם

31

Lesson 11

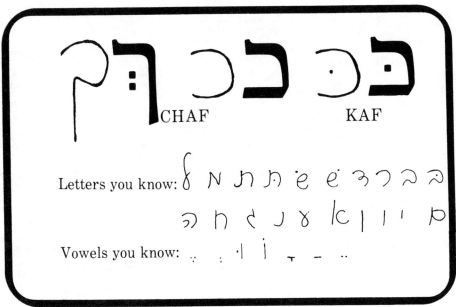

ךְ כ כ כּ כּ

CHAF KAF

Letters you know: בּ ב ר ד שׁ שׂ תּ ת מ ל
ם י ו וּ א ע נ ג ח ה

Vowels you know: ◌ֵ ◌ַ ◌ָ וֹ וּ ◌ִ ◌ְ ◌ֶ

Trace

כ כ כ כ כּ כּ כּ כּ כּ

Connect

כ כ כ כ כּ כּ כּ כּ כּ

Copy

כ כּ

My Best

Practice

כ כּ

Trace

Connect

Copy

My Best

Practice

Write

אוֹכֵל

מְבָרֵךְ

כֵּן

כַּדּוּר

שֶׁלְךָ

Lesson 12

New vowels: ◌ִי ◌ִ

Letters you know: בּ ב ר ד שׁ שׂ תּ ת מ
ל ם י ו ן א ע נ ג
ח ה פּ כ ק

Vowels you know: ◌ֵ ◌ַ ◌ָ וֹ וּ ◌ְ ◌ֶ

Write

לִי מִי

כִּי אִם

עִם שִׁיר

גִיל הִנֵה

אִתִּי מִינֵי

בְּרִית עֶשְׂרִים

עַמִים יָדַיִם

Lesson 13

פ פּ פ פּ

New vowel: ◌ֶ FAY PAY

Letters you know: בּ ב ר ד שׂ שׁ ת תּ מ

ל ם י ו ן א ע נ ג

ח ה כּ כ ק

Vowels you know: ◌ֹ ◌ִ ◌ֶ ◌ְ וּ וֹ ◌ָ ◌ַ ◌ֵ

Trace

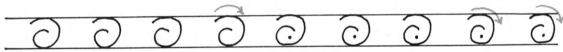

פ פ פ פ פּ פּ פּ פּ פּ

Connect

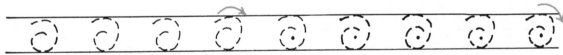

פ פ פ פ פּ פּ פּ פּ פּ

Copy

פ פּ

Practice

פ פּ

My Best

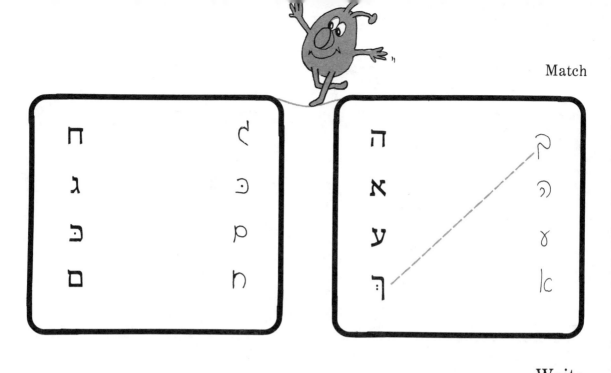

Match

ח	ג
ג	כּ
כּ	ם
ם	ח

ה	ך
א	ה
ע	ע
ךְ	א

Write

אוֹפָה

תְּפִלּוֹת

אֵיפֹה

פֶּרַח

פּוֹל

פַּח

פִּלְחָן

Lesson 14

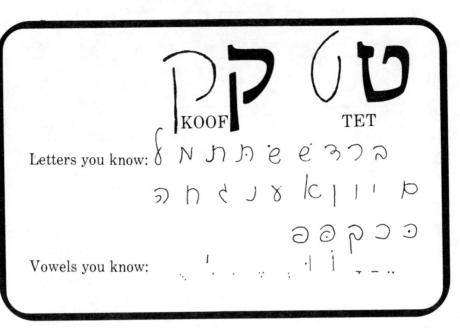

ק ק ט ט

KOOF TET

Letters you know: בּ ר ד שׁ שׂ תּ ת מ ל

ם י ו ן א ע נ ג ח ה

כּ כ ף פ פּ

Vowels you know:

Trace

Connect

Copy

My Best

Practice

Trace

Connect

Copy

My Best

Practice

Write

טוֹב

קָטָן

טַלִית

קָפֶה

קֶרֶן

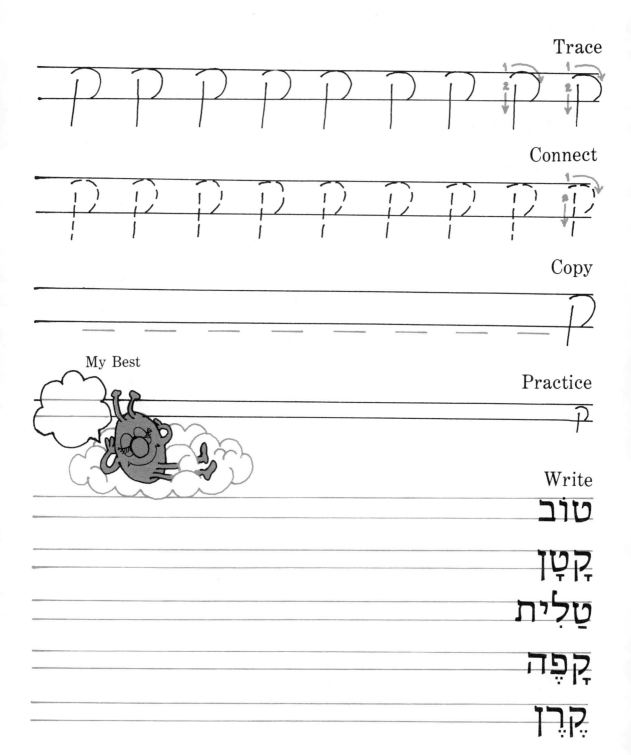

Lesson 15

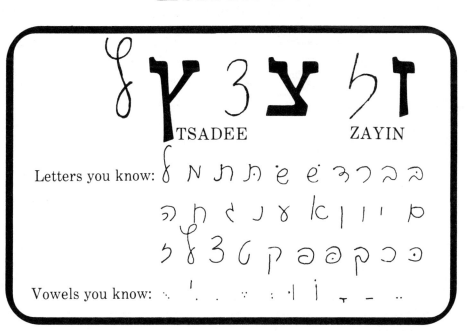

TSADEE   ZAYIN

Letters you know:

Vowels you know:

Trace

Connect

Copy

Practice

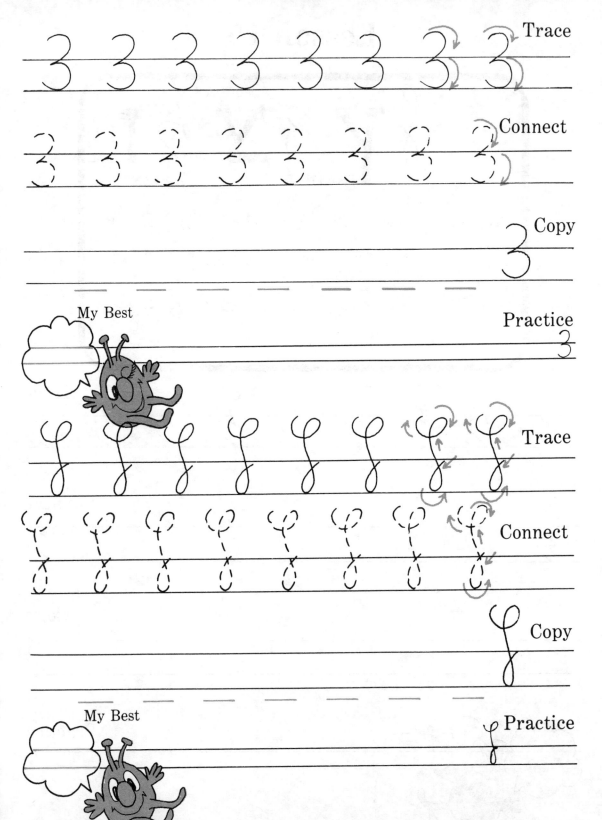

Trace

Connect

Copy

My Best

Practice

Trace

Connect

Copy

My Best

Practice

48

Write

צַדִּיק

מַצָּה

מִצְוָה

מְזוּזָה

צִיּוֹן

זְמִירוֹת

צוּר

הַמּוֹצִיא

מִמִּצְרָיִם

זִכָּרוֹן

מְצֻיָּן

מַזָּל

Lesson 16

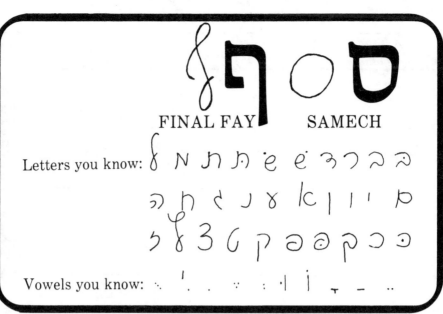

FINAL FAY **SAMECH**

Letters you know: ך נ א ת ת פ ש פ ד ר כ ב
פ ו ו י ע ל צ כ| ן ם
ל ת ג ח ק פ פ פ כ ם

Vowels you know: ּ ִ ּ ּ ּ ִ ִ ֵ ָ ַ ׇ

Trace

Connect

Copy

My Best

Practice

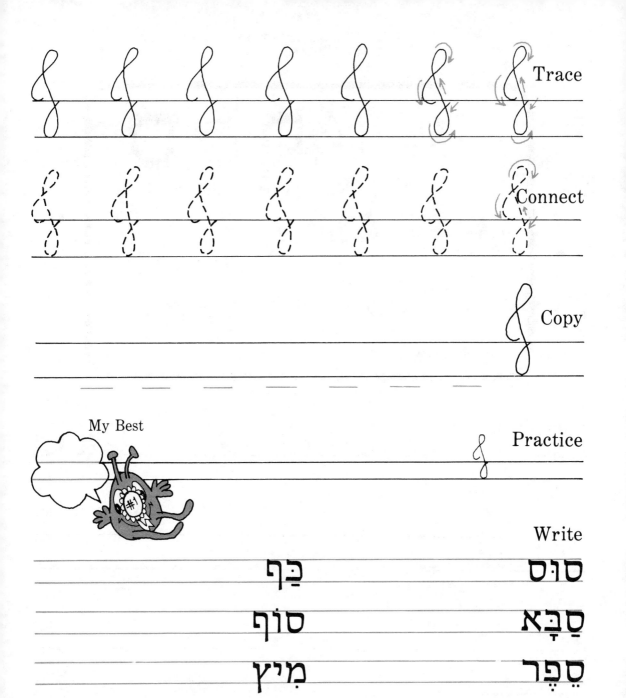

Trace

Connect

Copy

My Best

Practice

Write

סוּס   כַּף

סַבָּא   סוֹף

סֵפֶר   מִיץ

א	ו
ק	א
ו	ר
ל	ל

נ	נ
פ	כּ
כּ	ק
ק	פ

מ	ז
ץ	ג
ג	מ
ז	ץ

ד	ס
ס	י
תּ	ד
י	תּ

ו	ב
ם	ח
שׁ	ו
ב	שׁ
ח	ם

ט	ע
ר	ה
ע	ט
ה	צ
צ	ר

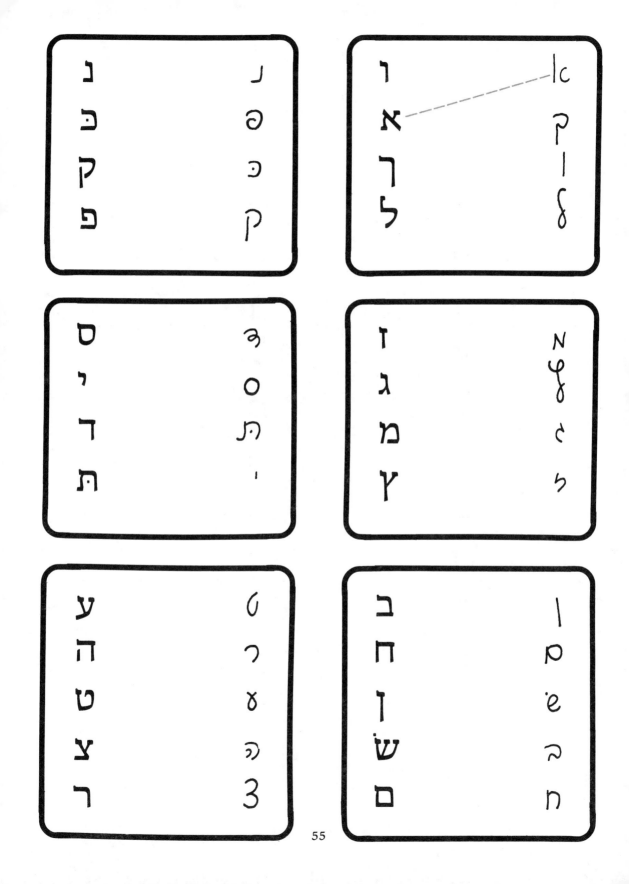

Practice

א

בּ

ב

ג

ד

ה

ו

ז

ח

ט

י

כּ

כ

ך

ל

מ

ם

נ

ן

ס

ע

פּ

פ

ף

צ

ץ

ק

ר

שׁ

שׂ

תּ

ת

Certificate of Achievement

Name _____

can write the Alef Bet
in script.